LAS INCERTEZAS

LAS INCERTEZAS

Daniel Huerta Goya

USHUAIA

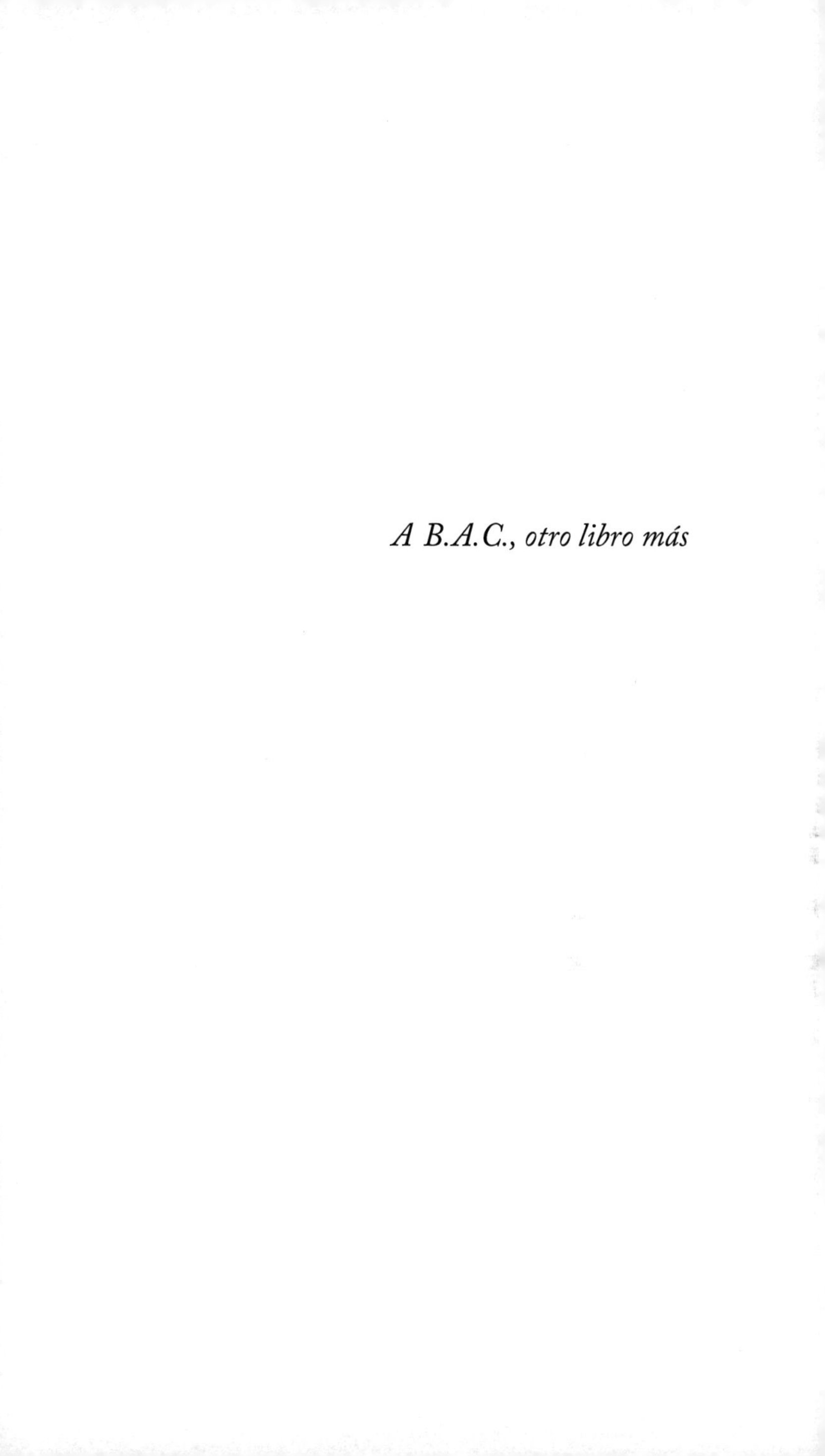

A B.A.C., otro libro más

Prólogo

Para quien, como es mi caso, sigue desde hace años la trayectoria poética de Daniel Huerta Goya, es un auténtico privilegio redactar el prólogo de *Las incertezas*, que ya en el título preludia uno de los sentimientos nucleares de un poemario que, en su brevedad, alcanza temas muy diversos, pero próximos, y se expresa en una heterogeneidad formal que deja claro que el poeta se desenvuelve con solvencia en los diferentes registros que frecuenta desde el poema prologal ("No lo llames milagro"), en el que la voz poética se desdobla dialógicamente y se dirige a sí misma en segunda persona para proponer un sentido inventario de todo aquello que parece obviarse y sin embargo permanece.

La primera sección, "Cuaderno de Transilvania", se abre con "La rosa de Bucarest", en la que el regalo de la flor parece ser la constancia del desafío del amor a lo perentorio. No es casual que el rumano sea la lengua del amor en algunos versos y en algún título de esta sección, como un código íntimo reservado a los amantes al margen de la eventual comprensión de los lectores, que no tienen por qué saber que la voz poética evoca, preguntando a la amada, el recuerdo de la rosa que nombra el título del poema ("*Trandafirul Bucurestiului, iubirea mea. Iti amintesti?*"). Persistiendo en el mismo código, el título del poema "Noaptea cade peste noi" ("La noche cae sobre nosotros") está tomado de la letra de "Pana Dimineata", una canción de amor de Elena Gheorghe, que compone la banda sonora de un reencuentro que da sentido al tiempo y los lugares compartidos y se produce en una fecha concreta y exacta, un año después, con un sentimiento que enuncia lo que no se espera y sin embargo se desea.

El siguiente poema, "Los héroes", disecciona un instante coronado por la perentoriedad de los grandes protagonistas de la historia, incapaces, como Matías Corvino, en la inmovilidad de la estatua que los representa, de sustraerse a la ingratitud debida a su memoria y a su legado que simbolizan las heces de los pájaros, ajenos a la trascendencia del lugar elegido para sus deyecciones.

La experiencia del viaje preside los dos poemas siguientes de la sección. En "In drum spre nimic", ("en el camino hacia nada"), el viaje en tren implica un encuentro con la soledad, la tristeza, el olvido, la paradoja de lo permanente que para la mirada atenta de un "rehén de la impaciencia" encierra su propia mutabilidad, y en "Ella y él" los protagonistas poéticos unen sus incertidumbres dirigiéndose hacia un destino que marca la expectativa del reencuentro. En la primera parte del poema ("Ella"), el número de teléfono al que se llama es la garantía que descansa en la esperanza que llenará los bolsillos de quien desciende del avión con ellos vacíos de certezas (recuérdese el título del poemario), y en la segunda parte ("Él") el destino mismo entraña el temor al reencuentro, "porque solo se teme cuando existe el riesgo de perder".

La segunda sección del poemario, "Luz entre sombras", es un hermoso homenaje a los amigos poetas: la sencillez, la inocencia, la humildad y la bondad de Alejandro Barahona, que comparte la virtud de la sabiduría con Fernando Briones; la generosidad y el talento de Lola López; la invitación a la vivencia de la literatura que convoca María Caballero; la creatividad que bendice a Lleonard del Rio Campmajor y el consuelo y el afecto que laten en la poesía de Javier Mateo Hidalgo en

"Cowboys de mediatarde", poema que recuerda la acción salvífica de las afinidades en medio de la tristeza, la destrucción y la desesperanza.

En la tercera sección, "Un verano insólito", el poeta nos regala los vibrantes aforismos que escribió cada día de los dos meses centrales del último verano, y lo hace con la lucidez, la pericia sintética, la brillantez y el innegable acierto que exige un género muy vivo en nuestros días, como también demuestran en grado de excelencia José Luis Morante y Ricardo Virtanen, por nombrar tan solo a dos aforistas excepcionales de cuya amistad me precio. Por esta galería de aforismos que brotan del alma del poeta en julio y agosto desfilan las reflexiones éticas y filosóficas (en las que nuestro autor se permite el legítimo derecho de enmendar la plana a algún que otro sabio), la creación artística, la reivindicación del valor eminente y la imbatible actualidad de las raíces clásicas de nuestra cultura, el uso de la lengua —sobre el que se impone el valor recurrente de la superioridad del silencio como estímulo de calma y revelación frente a todo cuanto representa simbólicamente el ruido, más allá de lo acústico—, la cultura y la estética. El poeta se apoya en fuentes muy diversas, alguna de las cuales le sirve para permitirse algún aldabonazo censor, y también recurre a la glosa de citas actualizadas y trasladadas a la experiencia con estudiada sentenciosidad y contundencia, tal vez especialmente apreciable en algún aforismo brillantemente rayano en la greguería ("Un suicida es un impaciente desesperado", 26 de agosto).

La cuarta y última sección, "Resiliencia en la tierra" (cuyo título rinde un evidente homenaje a Pablo Neruda), comienza con la búsqueda del sosiego en medio del marasmo y la esperanza del perdón "en la diminuta inmensidad / de un punto suspensivo", espacio etéreo e imposible enunciado por la "Semántica de la tipografía" que titula el primer poema. En "Flores", poema en el que el homenaje se traslada a *Un hivern fascinant* de Joan Margarit, las que nombra el yo poético son la metáfora de los elementos que conforman su entorno, su paisaje inmediato, los puntos de referencia que dan sentido al momento concreto en el que se cobra conciencia de un tiempo vivido. El título (y el contenido) del siguiente poema, "The Lark Ascending", homenajean a una pieza de música programática de Ralph Vaughan Williams, uno de los compositores más sugerentes de la música británica de la primera mitad del siglo XX y, por cierto, uno de mis preferidos. El silencio del violín, instrumento fundamental en la ejecución de la partitura, marca el momento que representa la conciencia de aquello que probablemente se perderá cuando ya no se nombre, en una paradoja que se sostiene al afirmar que no se hablará más de aquello de lo que en realidad ha hablado el poema, en un logrado ejemplo de paralipsis.

En "Te llevaré conmigo" la repetición de cláusulas concesivas a lo largo de las tres primeras estrofas se combina con su verso final, que replica el título del poema, conformando un ritmo letánico que refleja la prevalencia del amor que no pasa a pesar de la distancia y las limitaciones del tiempo, expresada sobre todo en la victoria del nombre de la amada, pronunciado con la tenacidad íntima de lo que precisamente el amor ha convertido en consustancial a la voz poética. Y por invocar alguna certeza, en "Homo viator" el adiós es la que lo invade todo, y el regreso, en el que se acentúa el dolor del peregrino ("dañado peregrino"), se enmarca en la pérdida simbolizada por "el eco de las voces que ya no escucharemos". Por fin, en "22 de octubre de 2024", que cierra la sección y el libro, se colman y se confirman a lo largo de todo el poema la misma transformación y el mismo cambio que se evidencian en el anterior, y la voz poética confiesa que el tiempo pesa más y pasa más rápido en una espera definida por la expectativa del dolor, contemplado con la mirada de lo que puede ser sentido como aliado o como enemigo.

No tengo el menor empacho en confesar que a mí, redactor de este prólogo, me conmueve conocer la proximidad de esta expectativa con el momento en el que escribo estas palabras, como si estas siguieran un rastro reciente que, a juzgar por la carga, no apunta a disolverse en un tiempo inmediato. Este es, en todo caso, el principal poder de la poesía: clavar en el presente de la lectura aquello que, como el inventario urdido en el poema prologal del libro, permanece por más que no sepamos si ha pasado o si pervive, como las heridas siempre abiertas, esas que, en medio de tantas incertezas, siguen y seguirán doliendo sin remedio por más que nos engañemos pensando que alguna vez podremos suturarlas.

Robledo de Chavela, 28 de diciembre de 2024
Santiago A. López Navia

NO LO LLAMES MILAGRO

We are born with the dead
T.S. ELIOT

Con aquella arrogancia del asfalto y la cal,
no por antigua menos plebeya,
ignorabas el bosque,
la dulce evanescencia del estambre,
su verde sortilegio,
el corazón oculto en el pistilo,
la acuática quietud de los nenúfares,
la savia espesa lentamente derramada en las corolas.
Ignorabas la danza de la lluvia,
la gota que resbala sinuosa
por la linde del pétalo,
la floración del pámpano en la arteria,
la textura del musgo preñado de rocío,
tan vivo y tan jugoso,
la plegaria del viento…

Ignorabas que el deseo es una inmensa charca,
un vil desaguadero de inmundicia
en que sus tributarios albañales
vierten la podredumbre de la carne,
sus ínfimos despojos,
la sucia simiente de la soledad.

De sus fangosas honduras,
de sus simas estériles y turbias,
brota de tiempo en tiempo algún esqueje,
insumiso retoño de telúrico ardor
que arraiga,
con el orgullo cierto de los supervivientes
que se saben nacidos de los muertos,
incluso en el más pobre de los suelos,
allí donde la tierra no ofrece el menor fruto.

Solo a veces,
de entre los negros abismos del limo
ufano se alza el tallo.
(Solo a veces,
aunque más nos valdría no llamarlo milagro.)
Quizá podrá morir, tal vez quebrarse,
pero vencerse nunca.

CUADERNO
DE TRANSILVANIA

LA ROSA DE BUCAREST

Hay lugares inhóspitos, lugares
que por sobreabundancia de hierro y de cemento
jamás invitarían al amor
(por lo menos a uno como el vuestro,
según dicen tan puro y tan romántico),
salvo que de repente te encontrases,
bajo el panel que indica salidas y llegadas,
una pequeña tienda en una esquina
y sin darle más vueltas decidieras
regalarle la flor más hermosa del búcaro,
esa flor que, después de tantos meses,
perdidos para siempre su aroma y su belleza,
ajada y escondida en las hojas de un libro,
o quizá en el cajón de la *noptiera*,
sigue significando que la luz
puede alumbrar incluso
el rincón más oscuro de tu alma.

Trandafirul Bucureștiului, iubirea mea.
îți amintești?

NOAPTEA CADE PESTE NOI

Justo un año después,
Justo un año después me esperas en la puerta
                              [de salida
de un pequeño aeropuerto donde nunca
habríamos pensado reencontrarnos.
Justo un año después,
el veintidós de agosto de dos mil veinticuatro,
has venido a buscarme, recorriendo
estrechas carreteras,
cruzando oscuros bosques,
para llenar de luz, en esta interminable madrugada,
mis ojos y mis labios y mis manos,
mi cuerpo atravesado de cansancio.
Justo un año después nos abrazamos,
volvemos a sentirnos, a rozarnos,
en esta ciudad extraña, nebulosa,
que hasta hoy no era tuya ni era mía
y que ya para siempre vivirá en mi recuerdo.
Justo un año después
la noche cae sobre nosotros.
No sentimos su peso,

su densidad metálica. Y despacio,
mientras una pareja para un taxi
y ruedan en la cinta dos maletas perdidas,
tu mirada se funde por fin en mi mirada.

LOS HÉROES

Sentada frente a mí,
una mujer me observa atentamente
mientras vierto el azúcar en la taza
y muevo la cuchara en círculos concéntricos.
Será quizá el color de mi camisa,
de un amarillo ardiente y luminoso.
¿El azul de mis ojos? ¿El leve bronceado de mi
                                    [rostro?
O tal vez le interesa la poesía
de Nichita Stanescu,
pienso, tras dar un sorbo a mi café
y notar en los labios el gusto de la crema.
Abro el libro con cierta ceremonia
y leo un par de versos al azar.
Levanto la cabeza. Ya no hay nadie
en la mesa de enfrente.
Un escuadrón de pájaros defeca
sobre la estatua ecuestre de Matías Corvino.
Los héroes no disfrutan sus hazañas.

ÎN DRUM SPRE NIMIC

Siempre te fascinó viajar en tren,
y más si, como este, avanzan tan despacio,
parando en estaciones donde solo se sube la
                              [tristeza,
atravesando bosques de olvidada memoria,
paisajes gobernados por el viento,
lugares donde nadie buscó jamás a nadie.
Descubriste muy pronto la poesía del hierro,
la modesta belleza que se guarda
en los viejos vagones, los andenes,
en los compartimentos compartidos
con seres de los cuales nada sabes,
ignorantes también de tu vida y tus miedos,
y que a pesar de ello
pasarán a tu lado estas tres horas.
Se suceden los árboles, los montes, los campos
                              [de cultivo,
todo es lo mismo y todo es diferente.

Y tú,
lo vas pensando al tiempo que lo escribes,
ya has sido mucho más de lo que eres
y de lo que serás.
Rehén de la impaciencia,
por fin llegó la hora de asumir
que enfilas el camino hacia la nada.

ELLA Y ÉL

1. Ella

Descendiste del avión con los bolsillos vacíos de certezas. Apenas habían pasado dos meses desde tu marcha, pero en tu interior parecía que hubieran transcurrido siglos. Madrid estaba envuelta en la tormenta y en tu cabeza se agolpaban las ideas como nubes cargadas de lluvia o de granizo. Esa misma tarde, en un lugar en el que casi ni recordabas haber sido feliz, tenías una cita con el pasado, que tal vez también lo fuera con el presente y quién sabe si con el futuro. No tanto para confirmarla como para saber que no te encontrabas sola en esa ciudad maltratada por el agua y el viento, mandaste un mensaje al mismo número de tantas otras veces, segura de que obtendrías respuesta, de que, como siempre, Él sabría gestionar con su experiencia tus angustias, tus miedos, la inmensa sensación de desamparo que en esa tarde gris te iba invadiendo. Descendiste del avión con los bolsillos vacíos de certezas.

2. Él

Tu tren se detuvo a pocos quilómetros de la estación de destino debido al temporal del que en la prensa llevaban días informando. Tras varias horas de viaje estabas cansado y no sabías ni cuándo ni cómo llegarías a casa. Ni siquiera la lectura de alguna de esas novelas de misterio que guardas siempre en la maleta, o volver a corregir tu último poema, redactado allí mismo, lograban ya distraerte. Y por encima del cansancio la inquietud, los nervios, el temor al reencuentro. Porque solo se teme cuando existe el riesgo de perder, y en esta ocasión eras consciente de que lo que había en juego era mucho más de lo que sospechabas al principio, en las tibias tardes del final de la primavera, cuando no te importaba desafiar al insomnio tomando un tercer o un cuarto café solo por pasar con Ella un rato más, escuchar su acento lejano, ir descubriendo quién habitaba más allá de las palabras, de quién era ese rostro tras el que se ocultaban a un tiempo el dolor y el deseo… El tren volvió a ponerse en marcha cuando estabas a punto de abrir los ojos y regresar al dudoso universo de la realidad.

LUZ
ENTRE SOMBRAS

ALEJANDRO BARAHONA

Tiene el extraño don de lo sencillo
y una sonrisa franca y contagiosa.
Conserva la inocencia de un chiquillo
dentro de un alma noble y generosa.

Por más que crea en Dios, nunca se endiosa.
Lleva en los labios siempre un chascarrillo
o una frase rotunda y sentenciosa
cuando apura en la acera un cigarrillo.

Vino, hace tiempo ya, de ese hemisferio
de acento dulce, lírico y aéreo
a tendernos la mano y la Palabra.

Es bueno, amable, cálido y profundo:
merece, si hay justicia en este mundo,
que la puerta del Otro se le abra.

FERNANDO BRIONES

Es un hombre pegado a una pantalla,
un Da Vinci de limbos digitales
o un Newton de universos virtuales,
un maestro del plano y de la raya.

Un ingenio que tizna cuando estalla,
una *summa* de fuerzas animales,
un báculo de profes y chavales,
un pope cuando habla y cuando calla.

Es un hombre que habita en un teclado,
un rey Fernando afable y bien barbado,
un tipo que a ninguno se asemeja.

Sabio de los que saben que no saben,
Sócrates que te suelta un *guten Abend*
y, en vez de sonreír, alza una ceja.

LOLA LÓPEZ

Es la voz con que cantas mis canciones
y el gesto con que entiendo que me entiendes;
es esa mano firme que me tiendes
sin cláusula ni aval ni condiciones.

Es la pasión que mana a borbotones
de todo lo que anhelas o pretendes.
De cada plan que ideas y que emprendes
brota un jardín plagado de ilusiones.

Es el tiempo que inviertes en tu sueño,
es la sombra que alumbra tu mirada,
es el hueco que llena tu alegría…

Es el don de hacer grande lo pequeño,
de edificar un mundo de la nada.
Eres tú, simplemente, amiga mía.

MARÍA CABALLERO

Has escrito una espinela
de asombrosa perfección
que, en su precoz precisión,
gusto y talento revela.
Sigue la lírica estela,
busca el eco que pervive
en las aguas de ese aljibe
de luz cristalina y pura.
¡Vive la literatura:
piensa, siente, lee… y escribe!

LLEONARD DEL RIO CAMPMAJOR

Moderno Prometeo,
has robado la música a los dioses,
la divina palabra.
Y letra a letra,
blanco sobre blanco has inventado,
con la clara inocencia de las cosas sencillas,
en cada nuevo verso un mundo nuevo.

GOD SAVE THE QUEEN

Voy a serte sincero, muchas veces
me has parecido un tipo insoportable,
con tu pinta de dandy irreverente
y tus aires de niño de papá
(lo que, si bien se mira, no es extraño,
pues siendo aún muy joven heredaste
una buena fortuna de tu madre,
y tu padre es el capo de los capos
dentro de la Brigada de Homicidios).
A quién no le resulta estomagante
esa silueta atlética, ese porte,
esos trajes cortados a medida
por los mejores sastres de Manhattan;
los lentes con montura de carey
de empollón de la clase
-te graduaste en Harvard, por supuesto-
o el junquillo que llevas en la mano
como si fuera un cetro, o la batuta
de un director de orquesta del Imperio austrohúngaro.

Voy a serte sincero, y no es envidia,
no aguanto tu arrogancia natural,
tu innata altanería,
ni la seguridad con que te muestras
superior a nosotros,
siempre tan por encima del problema
o, como tú dirías con un perfecto acento parisino,
siempre tan *au dessus de la mêlée*.

No he tolerado nunca a los pedantes
(con Philo Vance tenemos suficiente),
me agota tu cultura enciclopédica,
 tu gusto por las citas, tu obsesión
por mezclar en la frase a un poeta barroco
y a un viejo presocrático
solo por asombrar a quien te escucha,
aun más si la conversación se desarrolla
en la *salle à fumer*, cubierta con tapices holandeses,
de vuestro piso en la calle 87 Oeste,
a dos pasos de Broadway,
entre el humo de los cigarros turcos
y el aroma a café recién hecho por Djuna,
en esa Nueva York de Carole Lombard
que solo vive ya en nuestros recuerdos.
Y sin embargo,

a pesar de lo escrito anteriormente,
mientras me quede vista
y aunque sepa quién es el asesino,
seguiré releyendo todos y cada uno de tus casos
(desde el primero, aquel en el que resolvías
el envenenamiento en un teatro
del oscuro abogado Monte Field)
para gozar sin tasa de tu ingenio,
de tu capacidad de deducción
y de esa forma única en el género
de deshacer el nudo del enigma.

Mi vida es más feliz con tus relatos,
queridísimo Ellery.

NERO WOLFE

A Manuel Navarro

Todos nos fabricamos nuestros héroes,
aunque no lleven ya yelmo ni espada
ni enfrenten mil peligros galopando
a lomos de un corcel de legendario nombre.
Todos tenemos héroes, aunque luchen
-como, querido amigo, es tu costumbre-
sin moverse de casa, desde el fondo
de un cómodo sillón de cuero negro
conversando con lindas herederas,
policías sin un pelo de listos,
abogados corruptos
o el fiscal sin escrúpulos de turno,
y bebiendo cerveza en esa hora
en que la tarde cae sobre Manhattan;
o con la mente puesta en algún caso,
abstruso por supuesto,
mientras Fritz, el más fiel de los fieles cocineros,
da los últimos toques a la cena,
sublime y suculenta, como noche tras noche,
opíparo homenaje culinario
a tu descomunal anatomía.

O cultivando orquídeas,
inusual afición de detective,
en el invernadero, sagrado tabernáculo
donde tan solo tú tienes asiento,
que ordenaste instalar en la azotea.

Todos tenemos héroes, y a los héroes
no les suele faltar un escudero.
¿Qué sería de ti sin Archie Goodwin,
el cronista oficial de tus hazañas,
tus ojos y tu voz y hasta tus puños
si las cosas se ponen cuesta arriba
con cualquier sospechoso?

Necesitamos héroes,
aun cuando, como tú, sean ficticios,
nacidos del ingenio de un autor
de quien apenas hoy nadie se acuerda,
un autor eclipsado por la fama
de su ilustre criatura.
Es cierto,
necesitamos héroes diferentes.
Y los necesitamos más que nunca.

COWBOYS DE MEDIATARDE

A Javier Mateo Hidalgo

Todo a mi alrededor
no son más que señales de la muerte,
lacerantes avisos,
imágenes que muerden o golpean
con puños de cemento,
comunicados lúgubres que advierten
que el final ha llegado sin remedio.
Mire hacia donde mire,
ya sea fuera o dentro,
no veo sino rastros de tristeza,
paisajes invadidos por la desesperanza,
signos de la derrota,
la destrucción que avanza con sus bárbaras huestes
hasta el límite mismo de los ojos.
Ha alcanzado la muerte, y es noticia,
incluso a los amores,
a los que se pensaban para siempre,
o a los que se decían inmunes al otoño
con la voz impostada del deseo.
Pues bien, en estos días
valoro más que nunca tu palabra,

tus versos que guarecen, tu constante presencia
                              [en la distancia,
tu franqueza en la risa y el abrazo,
nuestra común pasión por las películas,
nuestras charlas de hombres de otro tiempo
y en fin, amigo mío,
tu porte de cowboy de mediatarde.

UN VERANO INSÓLITO

1 de julio

Hablar poco de uno mismo es un eficaz
preventivo contra la arrogancia.

2 de julio

Para las personas inteligentes, el verbo *buscar*
no puede ser más que intransitivo.

3 de julio

La obra del artista tiene una dimensión moral
de la que carece la del artesano.

4 de julio

Todo artista debe ser también, y antes que
nada, artesano.

5 de julio

No se puede cambiar la tradición sin conocerla profundamente: Malevitch no pintó *Cuadrado negro* el primer día.

6 de julio

No existe sabiduría más honda y verdadera que la locura.

7 de julio

La terrible paradoja del conocimiento es que nos otorga seguridad y, al mismo tiempo, despierta nuestros temores y nos acerca al sufrimiento.

8 de julio

Solamente los mediocres, o los que han sufrido mucho, elogian la felicidad de la ignorancia.

9 de julio

Para un racionalista, cuando una pregunta no tiene respuesta, es que no está bien formulada.

10 de julio

Para un idealista, cuando una pregunta no tiene respuesta, queda demostrado el insondable misterio del alma.

11 de julio

Si para Stendhal la novela era un espejo a lo largo del camino, para Kafka debía de ser como una laparoscopia.

12 de julio

Pedir consejo es un signo de coraje, nunca de fragilidad. Y aceptarlo lo es de inteligencia.

13 de julio

Gran parte de lo que el hombre moderno tiene de bueno se lo debe a los griegos.

14 de julio

Homo homini lupus. De acuerdo, pero el hombre también es un lobo para el lobo.

15 de julio

El filósofo H. afirma: "A medida que voy
cumpliendo años, me siento más cercano a
Hobbes que a Rousseau".

16 de julio

Las religiones y las ideologías buscan cambiar
al hombre. Ridícula pretensión, pues el hombre,
con todo lo bueno y lo malo que en él hay, no
puede ser otra cosa que hombre.

17 de julio

Homo sapiens sapiens. Si lleváramos el lenguaje
inclusivo al extremo del absurdo, llegaríamos a
la conclusión de que unas y otros pertenecemos
a especies diferentes.

18 de julio

Por mucho que nos empeñemos, no siempre
estamos preparados para conquistar la felicidad.

19 de julio

Es preferible ser reprendidos por nuestro silencio que censurados por nuestras palabras.

20 de julio

El brillo del oro ciega el ojo humano.

21 de julio

La ciencia no es necesaria para contradecir a las religiones, pues ya se contradicen a sí mismas.

22 de julio

En una entrevista, el compositor D. asegura que las más profundas certezas son a menudo los más clamorosos errores.

23 de julio

La cultura es para el espíritu lo que la medicina para el organismo.

24 de julio

Nosce te ipsum. Quien en verdad logra conocerse a sí mismo puede sentirse inmensamente agraciado.

25 de julio

Lo más peligroso de llegar a conocerse a uno mismo es que no te guste lo que ves.

26 de julio

El cardenal Mazarino escribió en su *Breviario para políticos* (siglo XVII): "Conságrate tan solo a ocupaciones que estén relacionadas con tu condición". ¿Lo habrán leído tantísimos ministros y aquellos que los eligen?

27 de julio

Timeo hominem unius libri. Guárdate del hombre que no ha leído nunca un libro, pero más aún del que ha leído solamente uno.

28 de julio

Hay géneros literarios que no se avienen con la
máquina de escribir.

29 de julio

No siempre resulta fácil discernir cuándo una puerta
se nos está abriendo y cuándo se nos está cerrando.

30 de julio

El interés es el principal enemigo de la amistad.

31 de julio

Hasta el más honesto y sincero de los hombres
necesita lucir alguna vez, aunque solo sea por
mera supervivencia, el traje de la ambigüedad.

1 de agosto

Por lo general es más sencillo conocer bien a
los que nos rodean que a nosotros mismos.

2 de agosto

Tempora mutantur et nos mutatur in illis. El tiempo es el más experimentado cirujano plástico.

3 de agosto

Vivimos permanentemente *encajados*, desde la cuna o la incubadora, pasando por el coche, la casa o la oficina, hasta la urna o el ataúd.

4 de agosto

Mors omnia aequat. O dicho en castizo: dentro de cien años, todos calvos.

5 de agosto

El arte es el espejo, a menudo deformante, en que el mundo se refleja.

6 de agosto

Un no razonado suele ser mucho más beneficioso que cien síes sin motivo.

7 de agosto

Dice Madame de Sablé, en una de sus máximas, que el no de algunos agrada más que el sí de otros. Y es que la negativa de quien nos quiere bien nos hace pensar y crecer.

8 de agosto

Pax in cella, foris bella. Esta solo podría ser la divisa de un ser egoísta e insensible.

9 de agosto

No hay verdadero arte sin un receptor consciente y constante.

10 de agosto

El sabio encerrado en su gabinete, o el poeta en su torre de marfil, son objetos perfectamente inútiles.

11 de agosto

Por más que algunos, movidos de la ignorancia
o la comodidad, los consideren antiguos e
incomprensibles, Homero, Horacio, Dante o
Góngora son mucho más cercanos a nuestra
sensibilidad que la mayor parte de escritores
que hoy en día salen en televisión o firman
libros en las ferias.

12 de agosto

Un autor clásico es aquel capaz de conectar,
gracias a la fascinante alquimia de las palabras,
con lectores de cualquier época, lugar o condición.

13 de agosto

No se es poeta por escribir un poema, como no
se es arquitecto por levantar un muro.

14 de agosto

Los prejuicios son a la inteligencia lo que la
falta de ejercicio al cuerpo.

15 de agosto

Conviene tener cuidado con las preguntas que no tengan respuesta, pero aún más con las que acepten varias.

16 de agosto

Solvitur ambulando. Las crisis jamás se superan desde la indolente comodidad de un sillón.

17 de agosto

Epicuro, Safo, Fidias, Praxíteles… Tanto el arte como la literatura de la Antigua Grecia nos descubren la misteriosa belleza de lo fragmentario.

18 de agosto

La prudencia y la discreción nos conceden siempre una segunda oportunidad.

19 de agosto

Las faltas de ortografía son a la escritura lo que el desaliño a la indumentaria.

20 de agosto

Con frecuencia somos menos benevolentes con los aciertos de los demás que con los errores propios.

21 de agosto

Para ser un buen maestro, ha habido que ser alguna vez un mal discípulo.

22 de agosto

Es mucho más costoso, sobre todo a cierta edad, hacer amistades nuevas que cuidar las que ya se tienen.

23 de agosto

El escritor S. declara: "Un síntoma de lo mal que va el mundo es que me veo más reflejado en los personajes de novela que en mis semejantes".

24 de agosto

El miedo al silencio revela un inmenso vacío interior.

25 de agosto

Estudiar a los hombres tal vez sea más práctico y rentable que estudiar los libros, pero casi siempre es también más enojoso y aburrido.

26 de agosto

Un suicida es un impaciente desesperado.

27 de agosto

Si vis pacem, para bellum. ¿Qué paz sería aquella cimentada sobre miles de cadáveres?

28 de agosto

Hay veredictos que retratan mejor al juez que al condenado.

29 de agosto

Un silencio prolongado es a menudo más expresivo y elocuente que el más elaborado de los discursos.

30 de agosto

Todo es más verdadero en el silencio.

31 de agosto

Vivir consiste en llevar las cicatrices con dignidad.

RESILIENCIA
EN LA TIERRA

SEMÁNTICA DE LA TIPOGRAFÍA

Incluso en esta hora
de marasmo interior, o naufragio del alma,
de citas canceladas in extremis,
observas obediente las rutinas,
esos pequeños ritos cotidianos
(doblar la ropa blanca, escribir unas líneas,
el café de las 11:25,
asomarte al balcón lo que dura un bolero,
cuidar más de los músculos que de las emociones…)
que regulan tu vida y la conducen.

Incluso en esta hora
en que el cielo parece que se vuelva de plomo,
y el invierno, con ática fiereza,
araña las ventanas de tu casa,
encuentras un instante de sosiego,
o de tregua fugaz contigo mismo,
para pasar revista a tus errores,
hacer un memorial de culpas y de agravios
y pensar que el perdón,
como otras tantas cosas inefables,
cabrá en la diminuta inmensidad
de un punto suspensivo…

FLORES

Celebras las exequias de la tarde
tumbado en el sillón, con una taza
de café en una mano,
marcada por el tiempo y la fatiga,
y sobre las rodillas, levemente
dobladas, un librito
abierto en una página cualquiera:
"A vegades, la vida no és res més
que la flor més senzilla, la que creix
vora tots els camins".
Das un trago al café, alzas la vista
y observas todo aquello que hace ya tantos meses
forma parte de ti,
indisoluble,
la baraja de naipes, los cuadernos,
el gran pez de cristal,
la foto de Ernest Hemingway con Castro
comprada en Baracoa en 2018,
los objetos más nimios,
el paisaje a través de la ventana…,
retazos de una vida que se ha reconstruido,

de un mundo hecho de nuevo por completo,
flores de esas que brotan por azar
incluso en los caminos sembrados de ceniza.

THE LARK ASCENDING
(RALPH VAUGHAN WILLIAMS)

Ya nunca escribiré sobre el invierno,
sobre el año que corre hacia el abismo
de finales de junio,
o la gélida luz
sedimentada
al fondo de los ojos.
No hablaré de los límites que establecen los cuerpos,
de fronteras que apenas se respetan
por la inercia que arrastra la costumbre,
ni del vuelo sin rumbo de las aves.
De guerras que terminan con tratados de paz
donde no hay vencedores
porque el silencio es siempre una derrota.

No hablaré más de ti, de mí, del futuro que fuimos,
tampoco del pasado que seremos,
y esperaré paciente a que calle la orquesta,
aniden en mi pecho los últimos acordes
y el violín abandone el escenario.

TE LLEVARÉ CONMIGO

Por más que tu universo esté tan lejos
de la pequeña luna en la que habito,
o que durante días nos hundamos
en un lago de antárticos silencios.
Te llevaré conmigo.

Por más que falte un gesto o una caricia.
Por más que no nos basten las pantallas.
Por más que tan deprisa corra el tiempo.
Por más que nuestras noches no coincidan.
Te llevaré conmigo.

Por más que todo fuera un mero sueño
soñado por tu invierno y mi verano.
Por más que, cuando menos te lo esperas,
te irrite que te diga que te quiero.
Te llevaré conmigo.

Como lleva la noche a la mañana,
te llevaré conmigo, aliento o soplo,
y se oirá de mis labios, paso a paso,
la alada melodía de tu nombre: Brianna, Brianna…

HOMO VIATOR

Todo en esta ciudad es del color del fuego,
los palacios, los templos, las murallas,
la tierra atesorada entre las manos,
el viento que sacude los postigos
y agita su cabello
y la ropa tendida a mediodía,
sucia de nuevo aun antes de secarse;
ese viento que arrastra para siempre
el eco de las voces que ya no escucharemos.

Todo en esta ciudad es del color del fuego.
El sol ha calcinado la memoria,
los recuerdos crepitan en feroces hogueras.
Nunca serás el mismo a tu regreso,
dañado peregrino…

Todo en esta ciudad es del color del fuego
y todo, en esta hora, lo invade la certeza del adiós.

22 DE OCTUBRE DE 2024

Hoy tu vida ha cambiado,
hoy se alarga la noche más allá de sus límites,
perdió su condición de dulce tránsito,
de puente entre los días
que uno tras otro andaban transcurriendo
sin grandes sobresaltos y no poca esperanza.
Hoy tu vida ha cambiado
y, muy a tu pesar,
este otoño envejeces más deprisa.
Tal vez ahora disfrutes los libros de otro modo,
puede que en un silencio más puro y más profundo,
un silencio total y permanente,
con el café templado
(si es que no te lo quita el de la bata)
como única causa de despiste.

Así es,
ha cambiado tu vida desde hoy mismo.
Resignado al dolor que te electriza,
te encuentras a la espera,
solamente,

de decidir si quieres combatirlo
o seguir a su lado en áspera armonía.

Índice

Prólogo 9
No lo llames milagro 17

Cuaderno de Transilvania
La rosa de Bucarest 21
Noaptea cade peste noi 22
Los héroes 24
În drum spre nimic 25
Ella y él 27

Luz entre sombras
Alejandro Barahona 31
Fernando Briones 32
Lola López 33
María Caballero 34
Lleonard del Rio Campmajor 35
God save the Queen 36
Nero Wolfe 39
Cowboys de mediatarde 41

Un verano insólito

Resiliencia en la Tierra
Semántica de la tipografía 61
Flores 62
The lark ascending
(Ralph Vaughan Williams) 64
Te llevaré conmigo 65
Homo viator 66
22 de octubre de 2024 67